BORDERLINE

Ursache, Beratung & Therapie

Luna Ludwig

Einführung: Was ist Borderline ?

Borderline oder Borderline-Persönlichkeitsstörung (BPS) ist eine psychische Erkrankung, die durch anhaltende Instabilität in Stimmung, Selbstbild, Verhalten und zwischenmenschlichen Beziehungen gekennzeichnet ist. Menschen mit Borderline können sich oft sehr impulsiv verhalten, haben Schwierigkeiten, ihre Emotionen zu regulieren und neigen dazu, extrem intensive und instabile zwischenmenschliche Beziehungen zu haben. Zu den Symptomen von Borderline gehören starke Stimmungsschwankungen, Impulsivität, selbstverletzendes Verhalten, chronisches Gefühl von Leere, Identitätsunsicherheit, intensive und instabile zwischenmenschliche Beziehungen und oft auch ein starkes Verlassenheitsgefühl. Die Symptome können sich in unterschiedlichen Ausprägungen zeigen und können für jeden Menschen unterschiedlich sein. Es gibt verschiedene Therapieansätze für Borderline, die darauf abzielen, die emotionale Regulation zu verbessern und zwischenmenschliche Beziehungen zu stabilisieren. Eine Therapie kann eine Kombination aus Psychotherapie, Medikamenten und Selbsthilfemaßnahmen umfassen.

Die Geschichte der Borderline-Persönlichkeitsstörung

Die Borderline-Persönlichkeitsstörung (BPS) wurde erstmals in den 1930er Jahren von Psychoanalytikern beschrieben, die Patienten mit schweren emotionalen Instabilitäten behandelten. Der Begriff "Borderline" bezieht sich auf die Tatsache, dass diese Patienten an der Grenze zwischen Neurose und Psychose zu sein schienen. In den 1970er Jahren erkannten Forscher die BPS als eine eigenständige Störung an und begannen, sie als klinisches Syndrom zu untersuchen. Die Symptome der BPS, wie instabile Stimmung, Beziehungen und Selbstbild, wurden besser verstanden, und es wurden effektivere Behandlungen entwickelt. In den 1980er Jahren wurde die BPS als offizielle psychische Störung in das Diagnostic and Statistical Manual of Mental Disorders (DSM) aufgenommen, das ein diagnostisches Klassifikationssystem für psychische Störungen ist. Seitdem hat sich die Forschung zur BPS weiterentwickelt, und es gibt eine Vielzahl von Behandlungsoptionen, einschließlich Psychotherapie, Medikamenten und Dialektisch-behavioraler Therapie (DBT). Es gibt jedoch auch Kritik an der Diagnose der BPS, da einige Experten argumentieren, dass die Symptome der Störung zu unspezifisch und überlappend mit anderen psychischen Störungen sind. Es gibt auch kontroverse Diskussionen über die Ursachen der BPS, einschließlich der Frage, ob es sich um eine biologische oder psychosoziale Störung handelt oder ob es sich um eine Mischung aus beiden handelt. Trotz dieser Kontroversen bleibt die BPS eine wichtige psychische Störung, die viele Menschen betrifft, und die Forschung und Behandlung der Störung werden fortgesetzt.

Wie wird Borderline diagnostiziert?

Borderline-Persönlichkeitsstörung (BPS) wird in der Regel von einem qualifizierten Psychiater oder Psychologen diagnostiziert. Die Diagnose basiert auf einer gründlichen klinischen Untersuchung und einer Beurteilung der Symptome und Anzeichen. Die Diagnose von BPS erfordert, dass mindestens fünf der folgenden Symptome oder Verhaltensweisen in einem Zeitraum von mehr als einem Jahr auftreten: Intensive Stimmungsschwankungen, die oft unproportional zur Situation sind. Probleme mit Impulskontrolle, wie z. B. riskante Verhaltensweisen oder Drogenmissbrauch. Schwierigkeiten bei zwischenmenschlichen Beziehungen, einschließlich instabiler und intensiver Beziehungen und Wechsel zwischen Idealisierung und Entwertung von anderen Personen. Geringes Selbstwertgefühl und Identitätsunsicherheit. Wiederkehrende Suizidgedanken, Suizidversuche oder selbstverletzendes Verhalten. Gefühle von Leere oder Langeweile. Reizbarkeit und Wutausbrüche. Es ist auch wichtig, andere Erkrankungen auszuschließen, die ähnliche Symptome aufweisen können, wie z.B. bipolare Störung, Depression, Angststörungen oder Posttraumatische Belastungsstörung. Die Diagnose von BPS kann komplex sein, da es sich um eine vielschichtige Erkrankung handelt, die sich auf verschiedene Bereiche des Lebens auswirkt. Es ist wichtig, dass die Diagnose von einem qualifizierten Fachmann gestellt wird, der Erfahrung in der Diagnose und Behandlung von BPS hat. Die Symptome von Borderline

Borderline-Persönlichkeitsstörung

(BPS) ist eine psychische Erkrankung, die durch eine instabile Stimmung, Beziehungen und Verhaltensweisen gekennzeichnet ist. Es gibt viele Symptome von Borderline, die sich auf verschiedene Aspekte des Lebens auswirken können. Instabilität der Stimmung: Menschen mit BPS können häufige und intensive Stimmungsschwankungen erleben, die innerhalb von Stunden oder Tagen auftreten können. Sie können sich glücklich und energiegeladen fühlen, nur um plötzlich traurig und leer zu werden. Impulsivität: Impulsives Verhalten ist ein weiteres Symptom von Borderline. Dies kann sich durch unkontrollierte Wutausbrüche, riskantes Verhalten (wie Drogenmissbrauch oder Geschwindigkeitsüberschreitungen), Essstörungen oder Selbstverletzung manifestieren. Instabile Beziehungen: Menschen mit Borderline haben oft Schwierigkeiten, enge Beziehungen aufrechtzuerhalten. Sie können eine starke emotionale Bindung zu jemandem aufbauen, nur um sie dann plötzlich fallen zu lassen oder aus Angst vor Ablehnung zu verlassen. Identitätsstörung: Eine

Person mit Borderline kann Schwierigkeiten haben, ihre Identität oder ihr Selbstbild zu definieren. Sie können das Gefühl haben, dass sie keine klare Vorstellung davon haben, wer sie sind oder was sie im Leben wollen. Angst und Depression: Menschen mit Borderline können unter schweren Angst- und Depressionssymptomen leiden. Sie können das Gefühl haben, dass sie nicht in der Lage sind, ihre Emotionen oder ihr Verhalten zu kontrollieren, was zu einem Gefühl der Hoffnungslosigkeit und Isolation führt. Paranoia: Einige Menschen mit Borderline können Anzeichen von Paranoia zeigen, wie zum Beispiel das Gefühl, dass andere gegen sie sind oder sie verfolgen. Intensive Angst vor dem Verlassen werden: Menschen mit Borderline haben oft eine sehr starke Angst vor dem Verlassen werden. Diese Angst kann so stark sein, dass sie sich bemühen, ihre Beziehungen aufrechtzuerhalten, auch wenn dies zu ihrem eigenen Nachteil ist. Selbstverletzendes Verhalten: Selbstverletzung, wie zum Beispiel das Schneiden oder Verbrennen der eigenen Haut, ist ein häufiges Symptom von Borderline. Es kann als Bewältigungsmechanismus dienen, um emotionalen Schmerz zu lindern. Suizidgedanken und -versuche: Menschen mit Borderline haben ein erhöhtes Risiko für Suizidgedanken und -versuche. Es ist wichtig, diese Symptome ernst zu nehmen und professionelle Hilfe zu suchen, wenn Sie oder jemand, den Sie kennen, diese Symptome zeigt. Emotionale Instabilität: Borderline kann zu einer allgemeinen Instabilität der Emotionen führen. Menschen mit BPS können oft das Gefühl haben, dass ihre Emotionen außer Kontrolle geraten und schwer zu bewältigen sind. Stressinduzierte Wahrnehmungsverzerrungen: Menschen mit Borderline können in stressigen Situationen verzerrte Wahrnehmungen haben. Zum Beispiel können sie glauben, dass andere ihnen böse Absichten unterstellen.

Borderline und Selbstverletzung

Borderline ist eine Persönlichkeitsstörung, die durch Impulsivität, instabile Emotionen, Beziehungen und Identität gekennzeichnet ist. Menschen mit Borderline haben oft Schwierigkeiten, mit ihren Gefühlen umzugehen und können sich selbst verletzen, um sich zu beruhigen oder um ihre Gefühle zu kontrollieren. Selbstverletzung ist eine häufige Begleiterscheinung von Borderline. Es ist wichtig zu beachten, dass Selbstverletzung kein Suizidversuch ist. Es ist eine Form der Bewältigung von Emotionen und kann dazu beitragen, den Schmerz vorübergehend zu lindern. Selbstverletzung kann viele Formen annehmen, wie Schneiden, Brennen, Kratzen oder Schlagen. Es kann schwierig sein, die Gründe hinter dem Verhalten zu verstehen, da es oft in Verbindung mit Scham und Schuldgefühlen steht. Es ist wichtig zu beachten, dass Borderline und Selbstverletzung nicht dasselbe sind und nicht jeder, der an Borderline leidet, sich selbst verletzt. Es ist jedoch wichtig zu verstehen, dass Selbstverletzung ein Teil des Krankheitsbildes sein kann und eine Form der Bewältigung von Emotionen darstellt. Menschen mit Borderline erleben oft starke Stimmungsschwankungen und haben Schwierigkeiten, ihre Emotionen zu kontrollieren. Sie können sich schnell von Glück zu Traurigkeit oder Wut bewegen und haben Schwierigkeiten, sich auf eine bestimmte Emotion zu konzentrieren. Die instabilen Emotionen können zu Konflikten in Beziehungen führen und können es schwierig machen, eine gesunde Beziehung aufrechtzuerhalten. Menschen mit Borderline können auch Schwierigkeiten haben, ihre Identität zu finden. Sie können sich schnell in Beziehungen verlieben, aber auch schnell das Interesse an ihnen verlieren. Sie können auch Schwierigkeiten haben, ihre Karriereziele zu definieren und können sich oft unsicher über ihre Zukunft fühlen. Es gibt Behandlungsmöglichkeiten für Borderline und Selbstverletzung, die oft eine Kombination aus Therapie und Medikamenten umfassen. Eine Therapie kann helfen, emotionale Instabilität zu bewältigen und Techniken zur Emotionsregulierung zu erlernen. Medikamente können dazu beitragen, Stimmungsschwankungen und Depressionen zu reduzieren. Wenn Sie selbst betroffen sind oder jemanden kennen, der von Borderline oder Selbstverletzung betroffen ist, ist es wichtig, Unterstützung zu suchen. Es gibt viele

Ressourcen zur Verfügung, wie Therapeuten, Selbsthilfegruppen und Hotlines. Es ist auch wichtig zu beachten, dass es nicht hilfreich ist, jemanden zu verurteilen oder zu stigmatisieren, der von Borderline oder Selbstverletzung betroffen ist. Es ist wichtig, Mitgefühl und Verständnis zu zeigen und zu erkennen, dass diese Erkrankungen eine medizinische Behandlung erfordern. Insgesamt ist Borderline eine schwere Erkrankung, die die Lebensqualität von Menschen stark beeinträchtigen kann. Selbstverletzung ist eine Form der Bewältigung von Emotionen und kann ein Teil des Krankheitsbildes sein.

Borderline und Suizid

Borderline und Suizid sind zwei Themen, die eng miteinander verbunden sind. Borderline-Persönlichkeitsstörungen sind durch Instabilität in Bezug auf Stimmung, Verhalten, Identität und zwischenmenschliche Beziehungen gekennzeichnet. Dies kann zu unvorhersehbaren, intensiven und manchmal selbstzerstörerischen Verhaltensweisen führen. Suizid ist ein Ergebnis dieser selbstzerstörerischen Tendenzen und kann eine sehr reale Gefahr für Menschen mit Borderline-Persönlichkeitsstörungen darstellen. Menschen mit Borderline-Persönlichkeitsstörungen haben oft ein tiefes Gefühl der Leere, das sie zu selbstzerstörerischen Handlungen treibt. Diese Handlungen können sich in Form von Essstörungen, Drogenmissbrauch, selbstverletzendem Verhalten und Suizidgedanken und -versuchen äußern. Sie können auch impulsives Verhalten und unangemessene Reaktionen auf Alltagssituationen beinhalten. Suizidgedanken und -versuche sind bei Menschen mit Borderline-Persönlichkeitsstörungen sehr häufig. In der Tat haben bis zu 70% der Menschen mit Borderline-Persönlichkeitsstörungen im Laufe ihres Lebens Suizidgedanken oder -versuche. Die Gründe dafür sind vielfältig und können von schweren emotionalen Schmerzen bis hin zu dem Gefühl, dass das Leben einfach nicht lebenswert ist, reichen. Es ist wichtig zu verstehen, dass Suizidgedanken und -versuche nicht nur eine Laune oder ein Schrei nach Aufmerksamkeit sind. Sie sind eine ernsthafte psychische Erkrankung und sollten nicht leicht genommen werden. Es ist auch wichtig zu beachten, dass Menschen mit Borderline-Persönlichkeitsstörungen oft versuchen, ihre Suizidgedanken oder -versuche zu verbergen oder zu minimieren, aus Angst vor Stigmatisierung oder Ablehnung. Wenn Sie jemanden kennen, der Suizidgedanken hat oder sich in einer Krise befindet, ist es wichtig, dass Sie schnell handeln und professionelle Hilfe suchen. Dies kann die Kontaktaufnahme mit einer Krisenhotline, einer psychiatrischen Klinik oder einem Therapeuten umfassen. Wenn Sie sich selbst in einer Krise befinden, sollten Sie sich an eine der oben genannten Ressourcen wenden oder sich an einen vertrauenswürdigen Freund oder Familienmitglied wenden. Es gibt auch einige Schritte, die Menschen mit Borderline-Persönlichkeitsstörungen unternehmen können, um ihre Suizidgedanken und -versuche zu reduzieren. Dazu gehören: Professionelle Hilfe suchen: Eine Behandlung durch einen Psychiater oder Therapeuten kann helfen, die Symptome der Borderline-Persönlichkeitsstörung zu reduzieren und Strategien zur Bewältigung von Suizidgedanken zu entwickeln. Unterstützung suchen: Es kann hilfreich sein, sich einer Selbsthilfegruppe oder einer Gruppe von Menschen mit ähnlichen Erfahrungen anzuschließen, um Unterstützung und Verständnis zu erhalten. Stressbewältigung: Es ist wichtig, Wege zu finden, mit Stress umzugehen und emotionale Auslöser zu identifizieren.

Was verursacht Borderline?

Borderline-Persönlichkeitsstörung (BPS) ist eine psychische Erkrankung, die durch instabile Stimmungen, zwischenmenschliche Beziehungen und das Selbstbild gekennzeichnet ist. Es gibt keine eindeutige Ursache für Borderline, aber es wird angenommen, dass eine Kombination von biologischen, genetischen und Umweltfaktoren dazu beitragen kann. Biologische Faktoren: Einige Studien haben gezeigt, dass es eine Verbindung zwischen Borderline und biologischen Faktoren wie der Chemie des Gehirns gibt. Neurotransmitter wie Serotonin und Noradrenalin können beeinflussen, wie Menschen Emotionen verarbeiten und regulieren.

Untersuchungen haben gezeigt, dass bei Menschen mit Borderline-Persönlichkeitsstörung Veränderungen in der Funktion dieser Neurotransmitter im Gehirn auftreten können. Genetische Faktoren: Es gibt auch Hinweise darauf, dass Borderline-Persönlichkeitsstörung familiär bedingt sein kann. Untersuchungen haben gezeigt, dass Menschen, deren Familienmitglieder ebenfalls an Borderline leiden, ein höheres Risiko haben, selbst an dieser Erkrankung zu erkranken. Es ist jedoch wichtig zu beachten, dass Genetik nur ein Teil des Bildes ist und dass Umweltfaktoren ebenfalls eine wichtige Rolle spielen können. Umweltfaktoren: Umweltfaktoren wie traumatische Erfahrungen können dazu beitragen, dass sich Borderline-Persönlichkeitsstörungen entwickeln. Es wurde gezeigt, dass Menschen, die in ihrer Kindheit traumatische Ereignisse wie Missbrauch, Vernachlässigung oder Trennungserlebnisse erlebt haben, ein höheres Risiko haben, später im Leben an Borderline-Persönlichkeitsstörungen zu erkranken. Auch schwierige familiäre Umstände wie Scheidung oder der Verlust eines Elternteils können dazu beitragen. Eine weitere wichtige Rolle spielen zwischenmenschliche Beziehungen, insbesondere in der Kindheit. Menschen, die in ihrer Kindheit keine stabilen und sicheren Beziehungen hatten, können Schwierigkeiten haben, Vertrauen aufzubauen und sich selbst zu regulieren, was zu Symptomen von Borderline führen kann. Persönliche Faktoren: Persönliche Faktoren wie Temperament und Persönlichkeit können ebenfalls dazu beitragen, dass sich Borderline entwickelt. Menschen mit einem impulsiven oder labilen Temperament können anfälliger für Borderline sein. Ebenso können Menschen mit einer Persönlichkeit, die gekennzeichnet ist durch eine geringe Fähigkeit, Emotionen zu regulieren oder Schwierigkeiten im Umgang mit Stress haben, ein höheres Risiko haben, an Borderline zu erkranken. Behandlung: Es gibt keine Heilung für Borderline, aber es gibt Behandlungen, die helfen können, die Symptome zu lindern. Eine der effektivsten Behandlungen ist Dialektisch-Behaviorale Therapie (DBT), die auf die Verbesserung der emotionalen Regulation, zwischenmenschlichen Fähigkeiten und Achtsamkeit abzielt. Andere Behandlungsmöglichkeiten können Antidepressiva, Antipsychotika und Anti-Angst-Medikamente sein.

Genetik und Borderline

Borderline-Persönlichkeitsstörung (BPS) ist eine psychiatrische Erkrankung, die durch instabile Emotionen, zwischenmenschliche Beziehungen und Selbstwahrnehmung gekennzeichnet ist. Die genetischen Faktoren, die zur Entwicklung von BPS beitragen, sind noch nicht vollständig verstanden, aber es gibt Hinweise darauf, dass eine genetische Veranlagung eine Rolle spielt. Zwillingstudien haben gezeigt, dass BPS bei eineiigen Zwillingen häufiger vorkommt als bei zweieiigen Zwillingen, was darauf hindeutet, dass Gene eine Rolle spielen können. Einige Forscher haben spezifische Gene identifiziert, die mit BPS in Verbindung gebracht wurden, einschließlich des Serotonintransporter-Gens (SLC6A4) und des Monoaminooxidase-A-Gens (MAOA). Das SLC6A4-Gen codiert für einen Transporter, der Serotonin aus dem synaptischen Spalt entfernt, während das MAOA-Gen für ein Enzym kodiert, das Neurotransmitter wie Serotonin und Dopamin abbaut. Es gibt Hinweise darauf, dass bestimmte Varianten dieser Gene mit einem erhöhten Risiko für BPS verbunden sein können. Es gibt auch Hinweise darauf, dass epigenetische Veränderungen, wie zum Beispiel DNA-Methylierung, bei BPS eine Rolle spielen können. DNA-Methylierung ist eine Form der Genregulation, bei der Methylgruppen an der DNA angehängt werden, um die Genexpression zu beeinflussen. Studien haben gezeigt, dass bestimmte Gene bei Menschen mit BPS im Vergleich zu Menschen ohne BPS unterschiedlich methyliert sein können. Obwohl die genauen genetischen Faktoren, die zur Entwicklung von BPS beitragen, noch nicht vollständig verstanden sind, ist es wichtig zu beachten, dass Genetik nur einen Teil der Geschichte ausmacht. BPS wird durch eine Vielzahl von Faktoren beeinflusst, darunter Trauma, Umweltfaktoren und psychologische Faktoren. Ein weiterer interessanter Aspekt der Genetik und BPS ist die Möglichkeit, genetische Tests zur Vorhersage des Risikos einer Person für die Entwicklung von BPS durchzuführen. Obwohl es derzeit keine solchen Tests gibt, sind Forscher bestrebt, spezifische Gene oder Kombinationen von Genen zu identifizieren, die mit einem erhöhten

Risiko für BPS verbunden sind. Es ist jedoch wichtig zu beachten, dass genetische Tests allein keine vollständige Diagnose von BPS ermöglichen und dass sie in Kombination mit anderen diagnostischen Tools und klinischen Bewertungen verwendet werden müssen. Insgesamt zeigt die Forschung, dass Genetik eine Rolle bei der Entwicklung von BPS spielen kann, aber es ist wichtig zu beachten, dass dies nur ein Teil der Geschichte ist und dass andere Faktoren ebenfalls eine wichtige Rolle spielen. Ein tieferes Verständnis der genetischen Faktoren, die zur Entwicklung von BPS beitragen, könnte jedoch dazu beitragen, bessere Diagnose- und Behandlungsmöglichkeiten zu entwickeln, um das Leiden der betroffenen Personen zu lindern.

Umweltfaktoren und Borderline

Borderline-Persönlichkeitsstörung (BPS) ist eine psychische Erkrankung, die durch Impulsivität, Instabilität in zwischenmenschlichen Beziehungen, Stimmungsschwankungen und Identitätsstörungen gekennzeichnet ist. Obwohl die Ursache dieser Störung nicht vollständig verstanden wird, glauben Experten, dass Umweltfaktoren eine wichtige Rolle bei ihrer Entwicklung spielen können. Es gibt mehrere Umweltfaktoren, die mit einem erhöhten Risiko für die Entwicklung von BPS in Verbindung gebracht werden, darunter Traumata, Missbrauch und Vernachlässigung in der Kindheit. Kinder, die Misshandlungen oder Vernachlässigungen ausgesetzt sind, haben ein erhöhtes Risiko für eine Vielzahl von psychischen Störungen, einschließlich BPS. Traumatische Ereignisse in der Kindheit können auch zu einer schlechten emotionalen Regulierung beitragen, was bei Menschen mit BPS häufig beobachtet wird. Ein weiterer wichtiger Umweltfaktor, der mit BPS in Verbindung gebracht wird, ist instabile oder traumatische zwischenmenschliche Beziehungen. Menschen mit BPS haben oft Schwierigkeiten, stabile und unterstützende Beziehungen aufrechtzuerhalten. Wenn sie in einer Umgebung aufwachsen, in der zwischenmenschliche Beziehungen instabil oder traumatisch sind, kann dies ihre Fähigkeit beeinträchtigen, gesunde Beziehungen aufzubauen und aufrechtzuerhalten. Familiäre Umweltfaktoren können auch eine Rolle bei der Entwicklung von BPS spielen. Menschen mit BPS haben oft eine schwierige familiäre Geschichte, einschließlich von Familienmitgliedern mit psychischen Störungen oder Suchterkrankungen. Eine Familie mit instabilen Beziehungen oder hoher Konfliktrate kann auch das Risiko für die Entwicklung von BPS erhöhen. Es gibt auch andere Umweltfaktoren, die mit BPS in Verbindung gebracht werden, wie beispielsweise der Verlust eines geliebten Menschen, die Erfahrung von Verlassenheit oder der Druck, in einer bestimmten Weise zu handeln. Diese Faktoren können dazu beitragen, dass Menschen mit BPS ihre Emotionen nicht effektiv regulieren können und sie impulsiv reagieren. Obwohl Umweltfaktoren eine wichtige Rolle bei der Entwicklung von BPS spielen können, ist es wichtig zu betonen, dass nicht alle Menschen, die traumatische Ereignisse oder instabile Beziehungen erleben, automatisch BPS entwickeln. Es ist auch möglich, dass genetische Faktoren eine Rolle bei der Entwicklung von BPS spielen können, obwohl dies nicht vollständig verstanden wird. Insgesamt ist es wichtig zu betonen, dass BPS eine komplexe Störung ist und es keine einfache Erklärung für ihre Entwicklung gibt. Eine Kombination aus biologischen, psychologischen und Umweltfaktoren kann dazu beitragen, dass eine Person BPS entwickelt. Wenn Sie glauben, dass Sie oder jemand, den Sie kennen, an BPS leiden, ist es wichtig, professionelle Hilfe zu suchen, um eine genaue Diagnose zu erhalten und eine geeignete Behandlung zu erhalten.

Borderline und Trauma

Borderline ist eine Persönlichkeitsstörung, die durch Instabilität in der Stimmung, dem Verhalten und den zwischenmenschlichen Beziehungen gekennzeichnet ist. Trauma bezieht sich auf eine Erfahrung, die eine Person als bedrohlich oder gefährlich empfindet und die eine intensive emotionale Reaktion hervorruft. Menschen mit Borderline-Persönlichkeitsstörung haben oft auch eine Vorgeschichte von Trauma. Es ist jedoch wichtig zu beachten, dass nicht alle Menschen mit Borderline eine Traumageschichte haben und nicht alle Menschen mit einer Traumageschichte eine Borderline-Persönlichkeitsstörung haben. Trauma kann auf viele Arten auftreten, einschließlich körperlicher, sexueller oder emotionaler Misshandlung, Vernachlässigung oder dem Zeugen von Gewalt oder Tod. Menschen mit einer Traumageschichte können auch an posttraumatischer Belastungsstörung (PTBS) leiden, die durch unkontrollierbare Angst, Wiedererleben von traumatischen Ereignissen, Vermeidungsverhalten und übermäßige Reaktionen auf bestimmte Reize gekennzeichnet ist. Menschen mit Borderline-Persönlichkeitsstörung haben oft Schwierigkeiten, ihre Emotionen zu regulieren und können starke Stimmungsschwankungen, impulsives Verhalten und Selbstverletzungserkrankungen aufweisen. Sie können auch Probleme haben, zwischenmenschliche Beziehungen zu pflegen und neigen dazu, von einer Person zur anderen zu wechseln oder in Beziehungen zu sein, die von Instabilität und Konflikt geprägt sind. Die Auswirkungen von Trauma auf Menschen mit Borderline-Persönlichkeitsstörung können schwerwiegend sein und können dazu führen, dass die Symptome der Störung verstärkt werden. Trauma kann auch dazu beitragen, dass Menschen mit Borderline-Persönlichkeitsstörung sich selbst verletzen, um ihre Emotionen zu regulieren oder um negative Erinnerungen zu vermeiden. Die Behandlung von Borderline-Persönlichkeitsstörung und Trauma kann eine komplexe Herausforderung darstellen. Therapien wie Dialektisch-Behaviorale Therapie (DBT) und Kognitive Verhaltenstherapie (CBT) haben sich als wirksam bei der Behandlung von Borderline-Symptomen erwiesen. Für Menschen mit Trauma kann es jedoch schwierig sein, sich auf Therapie einzulassen, da es sehr schwer sein kann, über traumatische Ereignisse zu sprechen. Eine Art der Therapie, die sich als wirksam bei der Behandlung von Borderline-Persönlichkeitsstörung und Trauma erwiesen hat, ist die Trauma-Fokussierte Kognitive Verhaltenstherapie (TF-CBT). Diese Therapie hilft Menschen, ihre traumatischen Erfahrungen zu verarbeiten, indem sie ihre negativen Gedanken und Gefühle identifizieren und dann neue, positive Gedanken und Überzeugungen entwickeln, die ihnen helfen, ihre Erfahrungen zu verarbeiten und sich von ihnen zu erholen.

Medikamente können auch bei der Behandlung von Borderline-Persönlichkeitsstörung und Trauma eingesetzt werden.

Borderline und Missbrauch

Borderline ist eine Persönlichkeitsstörung, die durch instabile Stimmungen, Beziehungen und Selbstbilder gekennzeichnet ist. Menschen mit Borderline haben oft Schwierigkeiten, ihre Emotionen zu regulieren, was zu impulsivem Verhalten führen kann. Sie können auch Schwierigkeiten haben, sich selbst zu definieren und haben oft eine Angst vor Verlassen werden. Wenn es um Missbrauch geht, gibt es viele verschiedene Formen, einschließlich körperlicher, sexueller, emotionaler und psychischer Gewalt. Missbrauch kann schwerwiegende Auswirkungen auf die Opfer haben, einschließlich traumatischer Erfahrungen, Verlust des Selbstwertgefühls und langfristiger psychischer Gesundheitsprobleme. Menschen mit Borderline können aufgrund ihrer Instabilität und Schwierigkeiten bei der Emotionsregulation ein höheres Risiko für Missbrauchserfahrungen haben. In einigen Fällen können Menschen mit Borderline auch unbewusst dazu beitragen, dass Missbrauch stattfindet, indem sie in ungesunde Beziehungen geraten oder sich in gefährliche Situationen begeben. Eine Möglichkeit, wie Borderline und Missbrauch miteinander in Zusammenhang stehen können, ist durch die Beziehung zwischen dem Missbraucher und dem Opfer. Menschen mit Borderline können aufgrund ihrer Angst vor Verlassen werden und ihrer Instabilität anfälliger für Beziehungen mit Missbrauchern sein. Missbraucher können das Bedürfnis eines Menschen mit Borderline nach emotionaler Nähe und Bestätigung ausnutzen und sich als Retter präsentieren, um die Beziehung zu kontrollieren und das Opfer zu manipulieren. In einigen Fällen kann Missbrauch auch dazu führen, dass eine Person eine Borderline-Persönlichkeitsstörung entwickelt. Traumatische Erfahrungen können zu emotionaler Instabilität führen, was dazu führen kann, dass Menschen Schwierigkeiten haben, ihre Emotionen zu regulieren und gesunde Beziehungen aufrechtzuerhalten. Es ist wichtig zu beachten, dass nicht alle Menschen mit Borderline missbraucht werden, und nicht alle Opfer von Missbrauch eine Borderline-Persönlichkeitsstörung entwickeln. Jeder Mensch ist einzigartig und die Art und Weise, wie sie auf traumatische Erfahrungen reagieren, kann sehr unterschiedlich sein. Wenn jemand mit Borderline oder Missbrauchserfahrungen zu kämpfen hat, ist es wichtig, dass sie professionelle Hilfe suchen. Eine Psychotherapie kann helfen, die Emotionsregulation zu verbessern, das Selbstwertgefühl zu stärken und gesunde Beziehungen aufzubauen. Es gibt auch Unterstützungsgruppen für Menschen mit Borderline und Opfer von Missbrauch, die eine unterstützende Gemeinschaft bieten können. In Bezug auf die Beziehung zwischen Borderline und Missbrauch ist es wichtig, dass Menschen mit Borderline lernen, gesunde Beziehungen aufzubauen und zu pflegen. Das Erlernen von Fähigkeiten zur Emotionsregulation und zur Stärkung des Selbstwertgefühls kann dazu beitragen, dass sie sich in Beziehungen sicherer fühlen und besser in der Lage sind, Missbrauch zu erkennen und zu vermeiden. Wenn Sie oder jemand, den Sie kennen, von Missbrauch betroffen sind.

Borderline und Familie

Borderline-Persönlichkeitsstörung (BPS) ist eine psychische Erkrankung, die das tägliche Leben der Betroffenen sowie das Leben ihrer Familienmitglieder stark beeinträchtigen kann. In diesem Text werde ich näher auf die Auswirkungen von BPS auf Familien eingehen und erläutern, wie Familienmitglieder mit dieser Erkrankung umgehen können. Zunächst einmal ist es wichtig zu verstehen, was Borderline ist und wie es sich manifestiert. Borderline ist eine Störung, die durch starke Stimmungsschwankungen, Impulsivität, instabile Beziehungen und ein gestörtes Selbstbild gekennzeichnet ist. Betroffene können Schwierigkeiten haben, ihre Emotionen zu regulieren und können sich in extremen Situationen selbst verletzen oder suizidale Gedanken haben. Diese Symptome können das Familienleben sehr belasten, da Familienmitglieder oft nicht wissen, wie sie mit den unvorhersehbaren und intensiven Stimmungsschwankungen umgehen sollen. Familienmitglieder können sich oft hilflos fühlen, wenn sie versuchen, mit einem BPS-Mitglied umzugehen. Sie können sich überfordert, überwältigt und isoliert fühlen, wenn sie nicht wissen, wie sie auf bestimmte Verhaltensweisen oder Ausbrüche reagieren sollen. Es ist wichtig, dass Familienmitglieder verstehen, dass BPS eine Krankheit ist und dass das Verhalten des Betroffenen nicht unbedingt durch ihre Persönlichkeit oder ihren Charakter verursacht wird. Es gibt viele Dinge, die Familienmitglieder tun können, um mit Borderline umzugehen und das Familienleben so normal wie möglich zu gestalten. Eine der wichtigsten Dinge ist, Grenzen zu setzen. Es ist wichtig, klare Grenzen für das Verhalten des BPS-Mitglieds zu setzen und diese Grenzen konsequent durchzusetzen. Auf diese Weise kann das Familienleben vor unvorhersehbaren Stimmungsschwankungen geschützt werden. Familienmitglieder können auch versuchen, dem BPS-Mitglied Unterstützung bei der Suche nach professioneller Hilfe anzubieten. Eine Therapie kann dazu beitragen, dass der Betroffene lernt, seine Emotionen zu regulieren und mit seinen Impulsen umzugehen. Eine Therapie kann auch dazu beitragen, dass der Betroffene ein gestärktes Selbstwertgefühl entwickelt und somit in der Lage ist, stabilere Beziehungen zu führen. Es ist auch wichtig, dass Familienmitglieder auf ihre eigene Gesundheit achten. Sie sollten sich Zeit für sich selbst nehmen und ihre eigenen Bedürfnisse und Grenzen respektieren. Familienmitglieder können sich auch an eine Selbsthilfegruppe oder eine Beratungsstelle wenden, um Unterstützung und Ratschläge von anderen Familienmitgliedern in ähnlichen Situationen zu erhalten. Insgesamt ist es wichtig, dass Familienmitglieder verstehen, dass Borderline eine Erkrankung ist und dass das Verhalten des BPS-Mitglieds nicht immer kontrollierbar ist. Es ist wichtig, Grenzen zu setzen, professionelle Hilfe anzubieten und auf die eigene Gesundheit zu achten.

Borderline und Freundschaften

Borderline ist eine Persönlichkeitsstörung, die sich durch eine instabile Stimmung, impulsives Verhalten, intensive zwischenmenschliche Beziehungen und ein gestörtes Selbstbild auszeichnet. Diese Störung kann es für Menschen mit Borderline schwierig machen, Freundschaften aufrechtzuerhalten oder zu pflegen. In diesem Artikel werden wir uns eingehender mit Borderline und Freundschaften beschäftigen. Eine der Herausforderungen für Menschen mit Borderline, wenn es um Freundschaften geht, ist, dass sie oft schnell in eine Beziehung hinein- und wieder herausstürmen. Diese schnelle Wechselhaftigkeit kann für Freunde schwer zu verstehen und zu bewältigen sein. Es kann auch dazu führen, dass Menschen mit Borderline Schwierigkeiten haben, Vertrauen aufzubauen und sich in der Beziehung sicher zu fühlen. Aus diesem Grund kann es für Menschen mit Borderline schwierig sein, enge und langfristige Freundschaften aufrechtzuerhalten. Ein weiteres Merkmal von Borderline ist, dass Menschen mit dieser Störung oft sehr emotional reagieren und schnell verletzt werden können. Dies kann dazu führen, dass sie ihre Freunde leicht beschuldigen oder anklagen, sie zu verlassen oder sie absichtlich zu verletzen. Diese Art von Verhaltensweise kann dazu führen, dass Freunde sich unwohl fühlen und sich zurückziehen. Allerdings können Freundschaften auch eine positive Rolle im Leben von Menschen mit Borderline spielen. Eine gute Freundschaft kann eine wichtige Unterstützung sein, um mit den emotionalen Herausforderungen umzugehen, die diese Störung mit sich bringen kann. Ein Freund oder eine Freundin kann auch helfen, eine Verbindung zu anderen Menschen aufzubauen und sich weniger isoliert zu fühlen. Wenn Menschen mit Borderline jedoch versuchen, eine Freundschaft aufrechtzuerhalten, gibt es einige Dinge, die sie beachten sollten. Zum Beispiel kann es hilfreich sein, sich bewusst zu sein, wie sie sich in der Beziehung verhalten und wie dies auf ihren Freund oder ihre Freundin wirken kann. Es kann auch nützlich sein, offene und ehrliche Gespräche über die Herausforderungen zu führen, die mit Borderline verbunden sind, und wie sich dies auf die Freundschaft auswirken kann. Durch diese offene Kommunikation können Missverständnisse vermieden und das Vertrauen gestärkt werden. Ein weiterer wichtiger Aspekt ist, dass Menschen mit Borderline oft intensive Emotionen erleben. Wenn sie diese Emotionen teilen, kann es für Freunde schwierig sein, mit ihnen umzugehen oder angemessen zu reagieren. In diesen Momenten ist es wichtig, dass Menschen mit Borderline lernen, wie sie ihre Emotionen regulieren können und wie sie Freunden helfen können, ihre Reaktionen besser zu verstehen. Eine Möglichkeit, dies zu tun, ist durch Achtsamkeitsübungen oder emotionale Regulationstechniken wie Atemübungen oder progressive Muskelentspannung. Schließlich kann es auch hilfreich sein, Unterstützung von einem Therapeuten oder einer Therapeutin zu suchen, der auf Borderline spezialisiert ist. Ein Therapeut kann helfen, die Herausforderungen bei der Aufrechterhaltung von Freundschaften besser zu verstehen und Techniken und Werkzeuge bereitzustellen.

Borderline und romantische Beziehungen

Borderline-Persönlichkeitsstörung (BPS) ist eine psychische Erkrankung, die durch intensive Emotionen, impulsives Verhalten und instabile zwischenmenschliche Beziehungen gekennzeichnet ist. Eine romantische Beziehung mit jemandem, der an BPS leidet, kann sowohl herausfordernd als auch lohnend sein. In diesem Artikel werden wir die Herausforderungen und möglichen Vorteile einer romantischen Beziehung mit jemandem mit BPS betrachten. Die Herausforderungen Instabilität der Emotionen: Menschen mit BPS haben oft intensive und unvorhersehbare Emotionen. In einer romantischen Beziehung kann dies bedeuten, dass der Partner oft unerwartet von Wut, Traurigkeit oder Freude überwältigt wird. Es kann schwierig sein, damit umzugehen, besonders wenn der Partner selbst nicht emotional instabil ist. Impulsivität: Menschen mit BPS neigen dazu, impulsiv zu handeln. Dies kann bedeuten, dass sie Dinge tun, ohne darüber nachzudenken oder Konsequenzen zu berücksichtigen. In einer romantischen Beziehung kann dies bedeuten, dass der Partner sich in risikoreiche oder ungesunde Verhaltensweisen stürzt, wie zum Beispiel Drogenkonsum oder riskante sexuelle Begegnungen. Angst vor Verlassenwerden:

Menschen mit BPS haben oft Angst, verlassen zu werden. Dies kann bedeuten, dass sie sich in der Beziehung klammern und übermäßig besitzergreifend oder eifersüchtig werden. Es kann auch bedeuten, dass sie den Partner beschuldigen, sie zu verlassen, auch wenn dies nicht der Fall ist. Schwierigkeiten mit der Grenzsetzung: Menschen mit BPS haben oft Schwierigkeiten, Grenzen zu setzen. In einer romantischen Beziehung kann dies bedeuten, dass sie übermäßig nach Aufmerksamkeit oder Liebe suchen und sich verletzlich fühlen, wenn sie nicht die gewünschte Reaktion erhalten. Es kann auch bedeuten, dass sie den Partner nicht respektieren, wenn dieser Grenzen setzt. Die möglichen Vorteile Intensität und Leidenschaft: Menschen mit BPS haben oft eine tief empfundene Emotion und Leidenschaft. In einer romantischen Beziehung kann dies bedeuten, dass der Partner sich geliebt und begehrt fühlt, da die Liebe und Zuneigung, die von der Person mit BPS kommt, sehr intensiv sein kann. Empathie: Menschen mit BPS sind oft sehr empfindsam und können sich in die Gefühle anderer hineinversetzen. In einer romantischen Beziehung kann dies bedeuten, dass der Partner sich verstanden und unterstützt fühlt. Kreativität: Menschen mit BPS haben oft eine kreative und künstlerische Ader. In einer romantischen Beziehung kann dies bedeuten, dass der Partner von der Kreativität und Inspiration der Person mit BPS profitieren kann. Tiefe Verbindung: Menschen mit BPS neigen dazu, Beziehungen sehr ernst zu nehmen und sich stark mit ihrem Partner zu identifizieren. In einer romantischen Beziehung kann dies bedeuten, dass der Partner eine tiefe emotionale Verbindung zu der Person mit BPS aufbaut.

Borderline und Arbeit

Borderline-Persönlichkeitsstörung ist eine psychische Erkrankung, die durch instabile Stimmungen, Beziehungen und Selbstbilder gekennzeichnet ist. Menschen mit Borderline können Schwierigkeiten haben, ihre Emotionen zu regulieren und können extreme Stimmungsschwankungen, impulsives Verhalten und Probleme mit der zwischenmenschlichen Kommunikation erleben.

Dies kann auch Auswirkungen auf ihre Fähigkeit haben, Arbeit zu finden und zu behalten. Für Menschen mit Borderline kann die Arbeitssuche besonders schwierig sein, da sie möglicherweise Probleme mit zwischenmenschlichen Beziehungen haben und Schwierigkeiten haben, ihre Emotionen am Arbeitsplatz zu kontrollieren. Sie können auch Schwierigkeiten haben, sich auf Aufgaben zu konzentrieren und ihre Energie aufrechtzuerhalten, was zu Leistungsproblemen führen kann. Es gibt jedoch auch viele Menschen mit Borderline, die erfolgreich in ihren Jobs sind und ihre Symptome erfolgreich managen können. Hier sind einige Möglichkeiten, wie Menschen mit Borderline ihre Karriere erfolgreich gestalten können: Holen Sie sich Unterstützung: Es kann hilfreich sein, eine Therapie oder Beratung in Anspruch zu nehmen, um Ihre Borderline-Symptome zu managen und zu lernen, wie Sie mit Arbeitsstress umgehen können. Eine unterstützende Therapie kann auch dazu beitragen, das Selbstbewusstsein zu stärken und zwischenmenschliche Fähigkeiten zu verbessern. Finden Sie eine unterstützende Arbeitsumgebung: Es kann hilfreich sein, nach einer Arbeit zu suchen, die eine unterstützende Umgebung bietet, in der Sie Ihre Fähigkeiten und Fähigkeiten entwickeln und einbringen können. Eine positive Arbeitsumgebung kann dazu beitragen, Stress zu reduzieren und Ihre Fähigkeit zur Selbstregulation zu verbessern. Nutzen Sie flexible Arbeitsmodelle: Für Menschen mit Borderline können flexible Arbeitsmodelle wie Telearbeit oder Arbeitszeitvereinbarungen eine nützliche Möglichkeit sein, ihre Arbeitsbelastung zu steuern und ihre Symptome zu verwalten. Es kann auch hilfreich sein, Arbeitspausen zu machen, um sich zu erholen und sich auf Ihre Arbeit zu konzentrieren. Arbeiten Sie an Ihren zwischenmenschlichen Fähigkeiten: Menschen mit Borderline haben oft Schwierigkeiten, ihre Emotionen zu regulieren und zwischenmenschliche Beziehungen aufrechtzuerhalten. Es kann hilfreich sein, an diesen Fähigkeiten zu arbeiten und zu lernen, wie man effektiv kommuniziert und Konflikte löst. Schaffen Sie eine ausgewogene Work-Life-Balance: Es ist wichtig, eine ausgewogene Work-Life-Balance aufrechtzuerhalten, um Ihre Symptome zu verwalten und Ihre Energie aufrechtzuerhalten. Planen Sie Zeit für Selbstpflege und Entspannung ein und versuchen Sie, Arbeit und

Freizeit voneinander zu trennen. In einigen Fällen kann es auch notwendig sein, eine Arbeitsunfähigkeitsversicherung (AU) in Anspruch zu nehmen. Menschen mit Borderline können Schwierigkeiten haben, eine Vollzeitarbeit zu halten, und eine AU kann dazu beitragen, finanzielle Unterstützung bereitzustellen.

Borderline und Therapie

Borderline-Persönlichkeitsstörung (BPS) ist eine psychische Erkrankung, die durch instabile Stimmungen, zwischenmenschliche Beziehungen und Selbstbild gekennzeichnet ist. Es ist eine schwere Störung, die das Leben der Betroffenen stark beeinträchtigen kann. Die Diagnose der Borderline-Persönlichkeitsstörung wird normalerweise nach einem ausführlichen klinischen Interview und der Überprüfung der Krankheitsgeschichte gestellt. Die Behandlung von Borderline-Persönlichkeitsstörungen umfasst in der Regel eine Kombination aus Psychotherapie, Medikation und unterstützenden Maßnahmen. Psychotherapie ist die erste Wahl bei der Behandlung von Borderline-Persönlichkeitsstörungen. Die Dialektisch-Behaviorale Therapie (DBT) ist eine spezialisierte Form der Psychotherapie, die speziell für die Behandlung von Borderline-Persönlichkeitsstörungen entwickelt wurde. DBT hat sich als sehr effektiv erwiesen und ist die am häufigsten empfohlene Therapie für BPS. DBT basiert auf vier Kernbereichen, die darauf abzielen, die emotionalen Dysregulationen zu reduzieren, mit denen BPS-Patienten konfrontiert sind. Diese Kernbereiche umfassen: Achtsamkeit: Die Fähigkeit, im gegenwärtigen Moment präsent zu sein und die Aufmerksamkeit bewusst auf das zu lenken, was im Moment geschieht, ohne es zu bewerten oder zu beurteilen. Emotionsregulation: Die Fähigkeit, Emotionen zu erkennen, zu verstehen und zu regulieren. Dies beinhaltet die Identifizierung von emotionalen Auslösern und die Anwendung von Techniken zur Verringerung von emotionaler Intensität und Dauer. Zwischenmenschliche Fertigkeiten: Die Fähigkeit, effektive und gesunde Beziehungen aufzubauen und aufrechtzuerhalten. Dies beinhaltet die Entwicklung von Kommunikationsfertigkeiten und die

Fähigkeit, Konflikte zu lösen. Krisenbewältigung: Die Fähigkeit, mit stressigen Situationen und Krisen umzugehen, ohne in selbstschädigendes Verhalten zu verfallen. Medikamente können auch eine wichtige Rolle bei der Behandlung von Borderline-Persönlichkeitsstörungen spielen. Antidepressiva und Antipsychotika können bei der Behandlung von Depressionen, Angstzuständen und anderen psychischen Symptomen eingesetzt werden, die häufig mit BPS einhergehen. Es ist jedoch wichtig zu beachten, dass Medikamente allein keine effektive Behandlung für BPS darstellen und immer in Verbindung mit Psychotherapie angewendet werden sollten. Unterstützende Maßnahmen können ebenfalls eine wichtige Rolle bei der Behandlung von Borderline-Persönlichkeitsstörungen spielen. Diese können beispielsweise Selbsthilfegruppen, Unterstützung durch Freunde und Familie und andere Aktivitäten zur Förderung von Wohlbefinden und Entspannung beinhalten.

Die verschiedenen Arten von Therapie für Borderline

Borderline-Persönlichkeitsstörung ist eine psychische Erkrankung, die durch instabile Stimmung, zwischenmenschliche Beziehungen und ein gestörtes Selbstbild gekennzeichnet ist. Menschen mit dieser Erkrankung haben oft Schwierigkeiten, ihre Emotionen zu regulieren und ihre Beziehungen zu anderen Menschen aufrechtzuerhalten. Es gibt verschiedene Arten von Therapien, die Menschen mit Borderline-Persönlichkeitsstörung helfen können, ihre Symptome zu lindern und ihr Leben zu verbessern. Im Folgenden werden einige dieser Therapieformen beschrieben. Dialektisch-behaviorale Therapie (DBT) DBT ist eine der am häufigsten verwendeten Therapieformen bei Borderline-Persönlichkeitsstörungen. Es ist eine Art der kognitiven Verhaltenstherapie, die darauf abzielt, die Emotionsregulation und zwischenmenschlichen Fähigkeiten der Patienten zu verbessern. DBT basiert auf der Annahme, dass Menschen mit Borderline-Persönlichkeitsstörung Schwierigkeiten haben, ihre Emotionen zu regulieren und daher oft impulsiv handeln. Die Therapie beinhaltet oft Einzel- und Gruppensitzungen, in denen die Patienten Techniken zur Emotionsregulation erlernen und lernen, wie sie ihre zwischenmenschlichen Beziehungen verbessern können. Schema-Fokussierte Therapie (SFT) SFT ist eine Form der Psychotherapie, die darauf abzielt, das gestörte Selbstbild und die Beziehungen der Patienten zu anderen Menschen zu verbessern. Die Therapie beinhaltet oft Einzelsitzungen, in denen die Patienten lernen, wie sie ihre negativen Glaubenssätze und Verhaltensmuster identifizieren und ändern können. Die Therapie ist langfristig und kann Monate oder sogar Jahre dauern. Transference-Fokussierte Psychotherapie (TFP) TFP ist eine Art der Psychoanalyse, die auf den Transferenzprozess zwischen dem Patienten und dem Therapeuten abzielt. Die Therapie beinhaltet oft wöchentliche Sitzungen, in denen der Therapeut mit dem Patienten über seine zwischenmenschlichen Beziehungen spricht und wie er sie verbessern kann. Die Therapie basiert auf der Annahme, dass die Patienten oft negative Übertragungen auf ihre zwischenmenschlichen Beziehungen haben und dass diese Übertragungen in der Therapie untersucht und bearbeitet werden können. Mentalisierungsbasierte Therapie (MBT) MBT ist eine Form der Psychotherapie, die auf der Annahme basiert, dass Menschen mit Borderline-Persönlichkeitsstörung Schwierigkeiten haben, die Gedanken und Emotionen anderer Menschen zu verstehen. Die Therapie beinhaltet oft Einzel- und Gruppensitzungen, in denen die Patienten lernen, ihre eigenen und die Gedanken und Emotionen anderer Menschen zu erkennen und zu verstehen. Die Therapie kann auch darauf abzielen, die zwischenmenschlichen Fähigkeiten und Beziehungen der Patienten zu verbessern.

Dialektisch-behaviorale Therapie (DBT)

Die dialektisch-behaviorale Therapie (DBT) ist eine Form der Psychotherapie, die speziell für Menschen mit Borderline-

Persönlichkeitsstörung (BPS) entwickelt wurde. Inzwischen hat sie sich jedoch auch als wirksame Behandlungsmethode für eine Reihe anderer psychischer Störungen etabliert. Das Ziel der DBT ist es, den Patienten dabei zu helfen, ihre Emotionsregulation zu verbessern, ihre zwischenmenschlichen Beziehungen zu stärken und ihre Fähigkeiten zur Bewältigung von Stresssituationen zu erhöhen. Die DBT basiert auf einem integrativen Ansatz, der Elemente aus verschiedenen therapeutischen Schulen wie der Verhaltenstherapie, der Kognitiven Therapie, der Zen-Meditation und der Achtsamkeitspraxis kombiniert. Ein zentraler Aspekt der DBT ist die Akzeptanz und die Validierung der Emotionen des Patienten. Die Therapeuten ermutigen die Patienten, ihre Gefühle anzunehmen und zu akzeptieren, ohne sie zu bewerten oder zu beurteilen. Dieser Ansatz ermöglicht es den Patienten, sich selbst besser zu verstehen und ihre Emotionen gezielt zu regulieren. Ein weiterer wichtiger Bestandteil der DBT ist das Training von Fertigkeiten zur Emotionsregulation, zwischenmenschlichen Kommunikation und Stressbewältigung. Die Patienten lernen, ihre Gefühle zu identifizieren, ihre Emotionen zu regulieren und ihre zwischenmenschlichen Beziehungen zu verbessern. Darüber hinaus werden Techniken zur Bewältigung von Stresssituationen vermittelt, um Rückfälle und Krisen zu vermeiden. Ein weiteres Merkmal der DBT ist das Konzept der Dialektik. Dies bezieht sich auf die Fähigkeit, zwei scheinbar widersprüchliche Ideen oder Konzepte gleichzeitig zu akzeptieren und zu halten. In der DBT bedeutet dies, dass die Patienten lernen, ihre eigene Erfahrung und ihre eigenen Emotionen anzunehmen, während sie gleichzeitig die Perspektive anderer akzeptieren und respektieren. Diese Fähigkeit zur Dialektik ist besonders wichtig für Menschen mit Borderline-Persönlichkeitsstörung, da sie oft dazu neigen, in Extremen zu denken und zu handeln. Die DBT wird in der Regel in Gruppentherapiesitzungen durchgeführt, die von einem erfahrenen Therapeuten geleitet werden. Die Gruppen bieten den Patienten eine unterstützende und strukturierte Umgebung, in der sie ihre Erfahrungen teilen und von anderen lernen können. Darüber hinaus können Einzeltherapiesitzungen und Telefoncoachingsitzungen angeboten werden, um den Patienten eine individuelle

Unterstützung zu bieten. Die DBT hat sich als wirksame Behandlungsmethode für eine Reihe von psychischen Störungen erwiesen, einschließlich Borderline-Persönlichkeitsstörung, chronischer Depression, posttraumatischer Belastungsstörung, Essstörungen und Drogenmissbrauch. Studien haben gezeigt, dass die DBT die Symptome dieser Störungen reduzieren und die Lebensqualität der Patienten verbessern kann.

Kognitive Verhaltenstherapie (CBT)

Die kognitive Verhaltenstherapie (CBT) ist eine der am häufigsten angewendeten Formen der Psychotherapie. Sie ist darauf ausgerichtet, Verhaltens- und Denkmuster zu identifizieren und zu ändern, die negative Auswirkungen auf die emotionale Gesundheit und das Wohlbefinden einer Person haben können. Im Folgenden werden die Grundlagen und Methoden der kognitiven Verhaltenstherapie erläutert. Grundlagen der kognitiven Verhaltenstherapie Die kognitive Verhaltenstherapie geht davon aus, dass unsere Gedanken, Gefühle und Verhaltensweisen miteinander verbunden sind und sich gegenseitig beeinflussen. Negative Denkmuster können zu negativen Emotionen und Verhaltensweisen führen, die wiederum unsere Gedanken verstärken können. Das Ziel der CBT ist es, diese negativen Gedankenmuster zu identifizieren und durch positive, konstruktive Gedanken zu ersetzen, die zu positiven Emotionen und Verhaltensweisen führen. Methoden der kognitiven Verhaltenstherapie Kognitive Umstrukturierung Eine wichtige Methode der CBT ist die kognitive Umstrukturierung. Hierbei geht es darum, negative Gedankenmuster zu identifizieren und durch positive, konstruktive Gedanken zu ersetzen. Dabei wird die Person angeleitet, ihre negativen Gedanken zu hinterfragen und zu prüfen, ob sie wirklich wahr und hilfreich sind. Wenn nicht, werden alternative Gedanken entwickelt, die der Person helfen, positiver zu denken und sich besser zu fühlen. Verhaltensexperimente Eine weitere wichtige Methode der CBT sind

Verhaltensexperimente. Hierbei geht es darum, negative Verhaltensweisen zu identifizieren und durch positive Verhaltensweisen zu ersetzen. Die Person wird dazu ermutigt, neue Verhaltensweisen auszuprobieren und zu sehen, wie sich diese auf ihre Gedanken und Gefühle auswirken. Dies kann dazu beitragen, negative Verhaltensmuster zu durchbrechen und neue, positive Verhaltensmuster zu etablieren. Expositionstherapie Die Expositionstherapie ist eine Methode, die bei Angststörungen und posttraumatischen Belastungsstörungen eingesetzt wird. Hierbei wird die Person schrittweise mit den Dingen oder Situationen konfrontiert, die ihre Angst auslösen, um ihre Angstreaktionen zu reduzieren. Dabei lernt die Person, dass ihre Angstreaktionen abnehmen, wenn sie sich der Angst stellen, anstatt ihr aus dem Weg zu gehen. Entspannungsübungen Entspannungsübungen wie progressive Muskelentspannung oder Atemübungen können dazu beitragen, körperliche Anspannung und Stress zu reduzieren. Indem die Person lernt, sich zu entspannen, kann sie ihre negativen Gedanken und Emotionen besser kontrollieren und positiver denken. Problemlösungsstrategien Die CBT kann auch dazu beitragen, Problemlösungsstrategien zu entwickeln, um schwierige Situationen besser zu bewältigen.

Psychoanalyse und Borderline

Die Borderline-Persönlichkeitsstörung (BPS) ist eine schwere psychische Erkrankung, die durch instabile Stimmungen, Beziehungen und Impulskontrolle gekennzeichnet ist. Die Ursachen der BPS sind noch nicht vollständig verstanden, aber viele Forscher glauben, dass eine Kombination von biologischen, psychologischen und Umweltfaktoren eine Rolle spielen. Psychoanalyse ist eine Form der Psychotherapie, die auf den Ideen von Sigmund Freud basiert. Freud glaubte, dass die Ursachen psychischer Störungen im Unbewussten liegen und dass die Behandlung darin besteht, unbewusste Konflikte aufzudecken und zu bearbeiten. Obwohl die Psychoanalyse nicht mehr so häufig angewendet wird wie früher, haben einige Therapeuten immer noch Erfolg damit, Borderline-

Patienten zu behandeln. In der Psychoanalyse wird die Beziehung zwischen Therapeut und Patient als zentral angesehen. Der Therapeut soll eine sichere und stabile Beziehung zu dem Patienten aufbauen, die es dem Patienten ermöglicht, seine inneren Konflikte aufzudecken und zu bearbeiten. Borderline-Patienten haben oft Schwierigkeiten, stabile Beziehungen aufrechtzuerhalten, und können in der Therapie Schwierigkeiten haben, eine sichere Beziehung aufzubauen. Einige Psychoanalytiker glauben, dass Borderline-Patienten in der Therapie eine spezielle Art von Übertragung entwickeln. Übertragung ist ein psychologisches Konzept, das beschreibt, wie der Patient seine Erfahrungen mit anderen Menschen auf den Therapeuten überträgt. In der Psychoanalyse wird die Übertragung als eine wichtige Quelle von Informationen über die inneren Konflikte des Patienten betrachtet. Einige Psychoanalytiker glauben, dass Borderline-Patienten eine Art Übertragung entwickeln, die als "Borderline-Übertragung" bezeichnet wird. Diese Übertragung ist gekennzeichnet durch eine extreme Intensität der Beziehung zum Therapeuten und eine Neigung, den Therapeuten zu idealisieren oder zu entwerten. Borderline-Patienten können auch Schwierigkeiten haben, Grenzen zu akzeptieren, und können den Therapeuten als Ersatz für eine fehlende elterliche Figur sehen. Die Arbeit an der Borderline-Übertragung ist eine wichtige Komponente der Psychoanalyse bei Borderline-Patienten. Der Therapeut muss in der Lage sein, die Übertragung des Patienten zu erkennen und zu verstehen, um dem Patienten dabei zu helfen, seine inneren Konflikte aufzudecken und zu bearbeiten. Der Therapeut muss auch in der Lage sein, klare Grenzen zu setzen und eine sichere therapeutische Beziehung aufrechtzuerhalten. Ein weiteres Konzept, das in der Psychoanalyse bei Borderline-Patienten wichtig ist, ist das Konzept des Selbst. Das Selbst ist das zentrale Konzept der Identität und bezieht sich auf das, was eine Person als sich selbst wahrnimmt. Borderline-Patienten haben oft Schwierigkeiten, ein stabiles Selbstkonzept aufrechtzuerhalten, und können eine Identitätskrise durchmachen.

Medikamente und Borderline

Borderline-Persönlichkeitsstörung (BPS) ist eine psychische Erkrankung, die durch Instabilität in Bezug auf Emotionen, zwischenmenschlichen Beziehungen, Identität und Selbstbild sowie impulsives Verhalten gekennzeichnet ist. Eine geeignete medikamentöse Behandlung kann dazu beitragen, die Symptome von BPS zu reduzieren und das Leben der Betroffenen zu verbessern. In diesem Artikel werden wir uns mit einigen der am häufigsten verschriebenen Medikamente für Borderline-Patienten befassen. Antidepressiva Antidepressiva werden oft zur Behandlung von BPS eingesetzt, da sie dazu beitragen können, Symptome wie Angst, Depressionen und Stimmungsschwankungen zu lindern. Selektive Serotonin-Wiederaufnahmehemmer (SSRIs) sind eine häufig verschriebene Art von Antidepressiva bei BPS-Patienten. Sie wirken durch Erhöhung der Verfügbarkeit von Serotonin im Gehirn, einem Neurotransmitter, der für die Stabilisierung der Stimmung und Verringerung von Angst und Depressionen verantwortlich ist. Ein weiteres häufig verschriebenes Antidepressivum für Borderline-Patienten sind trizyklische Antidepressiva (TCAs), die auch die Verfügbarkeit von Serotonin und Noradrenalin erhöhen. TCAs können jedoch schwerwiegende Nebenwirkungen haben und sind daher oft nur eine zweite Wahl, wenn SSRIs nicht wirksam sind. Stimmungsstabilisatoren Stimmungsstabilisatoren sind Medikamente, die dazu beitragen können, die Symptome von BPS zu reduzieren, indem sie die Stimmung stabilisieren und emotionale Ausbrüche verhindern. Lithium ist ein häufig verschriebener Stimmungsstabilisator für Borderline-Patienten. Es wirkt, indem es die Freisetzung von Neurotransmittern wie Serotonin und Noradrenalin im Gehirn reguliert. Andere Stimmungsstabilisatoren wie Valproinsäure und Lamotrigin werden ebenfalls bei der Behandlung von BPS eingesetzt. Antipsychotika Antipsychotika werden oft bei BPS eingesetzt, um Symptome wie Wahnvorstellungen, Halluzinationen und Paranoia zu lindern. Sie können auch helfen, impulsives Verhalten und Stimmungsschwankungen zu reduzieren. Atypische Antipsychotika wie Olanzapin und Quetiapin sind am häufigsten verschrieben. Diese Medikamente wirken, indem sie die Wirkung von Dopamin, einem Neurotransmitter, der für die Regulierung von Emotionen verantwortlich ist, im Gehirn beeinflussen. Angstmedikamente Angstmedikamente wie Benzodiazepine können bei BPS verschrieben werden, um Angstzustände und Panikattacken zu lindern. Diese Medikamente wirken, indem sie das zentrale Nervensystem beruhigen und Entspannung fördern. Allerdings können Benzodiazepine abhängig machen, und ihr langfristiger Gebrauch kann zu Toleranzbildung und Entzugserscheinungen führen.

Borderline und Emotionsregulation

Borderline-Persönlichkeitsstörung ist eine psychische Erkrankung, die durch instabile Stimmungen, zwischenmenschliche Beziehungen und Selbstwahrnehmung gekennzeichnet ist. Menschen mit Borderline haben oft Schwierigkeiten, ihre Emotionen zu regulieren, was zu impulsivem Verhalten, Selbstverletzungen und Suizidgedanken führen kann. In diesem Text werde ich genauer darauf eingehen, was Emotionsregulation ist und welche spezifischen Herausforderungen Menschen mit Borderline dabei haben. Emotionsregulation bezieht sich auf die Fähigkeit, Emotionen zu erkennen, zu akzeptieren und angemessen zu regulieren. Das bedeutet, dass man in der Lage ist, Emotionen nicht nur zu spüren, sondern auch zu verstehen und zu kontrollieren. Emotionsregulation ist wichtig, um zwischenmenschliche Beziehungen aufrechtzuerhalten, Stress zu bewältigen und im Alltag funktionieren zu können. Menschen mit Borderline haben oft Schwierigkeiten mit der Emotionsregulation, was zu instabilen Stimmungen und impulsivem Verhalten führen kann. Es kann schwierig sein, ihre eigenen Emotionen zu verstehen und zu akzeptieren, was zu Konflikten mit anderen Menschen führen kann. Darüber hinaus können sie aufgrund ihrer Emotionsinstabilität Schwierigkeiten haben, Stress und Belastungen zu bewältigen, was zu einem erhöhten Risiko für psychische Erkrankungen wie Angst und Depressionen führen kann. Es gibt verschiedene Strategien und

Techniken, die bei der Emotionsregulation helfen können. Dazu gehören beispielsweise Atemübungen, kognitive Umstrukturierung und Achtsamkeitsmeditation. Bei Menschen mit Borderline können jedoch einige spezifische Herausforderungen auftreten, die diese Techniken erschweren können. Eine Herausforderung bei der Emotionsregulation bei Borderline ist, dass Emotionen oft sehr intensiv und schnell wechselnd sind. Menschen mit Borderline können sich in einer Minute glücklich und zufrieden fühlen und in der nächsten Minute wütend oder verzweifelt sein. Dies kann es schwierig machen, Emotionen zu akzeptieren und zu regulieren, da sie sich so schnell ändern und oft unvorhersehbar sind. Eine weitere Herausforderung ist, dass Menschen mit Borderline oft Schwierigkeiten haben, Emotionen zu benennen und zu identifizieren. Sie können Schwierigkeiten haben, zwischen verschiedenen Emotionen zu unterscheiden oder ihre eigenen Emotionen auszudrücken. Dies kann dazu führen, dass sie sich in ihren Emotionen verloren fühlen und Schwierigkeiten haben, sie zu kontrollieren. Ein weiteres Problem ist, dass Menschen mit Borderline oft Schwierigkeiten haben, negative Emotionen wie Traurigkeit, Wut oder Angst zu tolerieren. Sie können sich überwältigt fühlen und impulsiv handeln, um diese Emotionen zu vermeiden oder zu reduzieren. Dies kann zu Selbstverletzungen oder anderen selbstschädigenden Verhaltensweisen führen. Um diese Herausforderungen bei der Emotionsregulation zu bewältigen, können spezielle Therapieformen wie die Dialektisch-Behaviorale Therapie (DBT) helfen.

Achtsamkeit und Borderline

Persönlichkeitsstörung (BPS) ist eine komplexe psychische Erkrankung, die sich auf die Art und Weise auswirkt, wie Menschen ihre Emotionen regulieren und mit anderen interagieren. Achtsamkeit ist eine Praxis, die Menschen helfen kann, sich bewusst auf den gegenwärtigen Moment zu konzentrieren und negative Gedanken und Emotionen zu reduzieren. In diesem Text werde ich 600 Worte darüber schreiben, wie Achtsamkeit Menschen mit Borderline-

Persönlichkeitsstörung helfen kann. Menschen mit BPS haben oft Schwierigkeiten, ihre Emotionen zu regulieren und sich angemessen auf zwischenmenschliche Situationen zu konzentrieren. Achtsamkeit kann dabei helfen, sich auf die Gegenwart zu konzentrieren und negative Gedanken und Emotionen zu reduzieren. Durch Achtsamkeitspraktiken wie Meditation, Yoga und Atemübungen können Menschen mit BPS lernen, ihre Gedanken und Emotionen zu kontrollieren und ihre Aufmerksamkeit auf die Gegenwart zu richten. Achtsamkeit kann auch dazu beitragen, die Auswirkungen von Stress auf Menschen mit BPS zu reduzieren. Menschen mit BPS sind oft anfällig für Stress und können unter chronischem Stress leiden, was zu einer Verschlechterung ihrer Symptome führen kann. Achtsamkeit kann dabei helfen, den Stress zu reduzieren und die körperliche und emotionale Gesundheit zu verbessern. Ein weiterer Vorteil von Achtsamkeit bei BPS ist, dass es dazu beitragen kann, negative Gedankenmuster zu durchbrechen. Menschen mit BPS haben oft negative Gedanken und können sich in einem Kreislauf von selbstzerstörerischen Verhaltensweisen und Emotionen gefangen fühlen. Durch Achtsamkeit können sie lernen, diese Gedanken und Muster zu erkennen und zu unterbrechen, was zu einer Reduzierung ihrer Symptome führen kann. Achtsamkeit kann auch dazu beitragen, die zwischenmenschlichen Beziehungen von Menschen mit BPS zu verbessern. Menschen mit BPS haben oft Schwierigkeiten, sich auf andere Menschen zu konzentrieren und in zwischenmenschlichen Beziehungen zu bleiben. Durch Achtsamkeit können sie lernen, ihre Aufmerksamkeit auf den gegenwärtigen Moment und ihre zwischenmenschlichen Beziehungen zu konzentrieren, was dazu beitragen kann, ihre Beziehungen zu verbessern. Es gibt viele verschiedene Achtsamkeitspraktiken, die Menschen mit BPS ausprobieren können, um ihre Symptome zu reduzieren. Meditation ist eine der beliebtesten Achtsamkeitspraktiken, und es gibt viele verschiedene Arten von Meditation, die Menschen mit BPS ausprobieren können. Body-Scan-Meditation, bei der die Aufmerksamkeit auf die verschiedenen Teile des Körpers gerichtet wird, kann dabei helfen, sich auf den gegenwärtigen Moment zu konzentrieren und negative Gedanken und Emotionen zu reduzieren. Yoga ist eine weitere beliebte

Achtsamkeitspraktik, die Menschen mit BPS ausprobieren können. Yoga kann dazu beitragen, den Körper zu entspannen und die Aufmerksamkeit auf den gegenwärtigen Moment zu konzentrieren.

Borderline und zwischenmenschliche Fähigkeiten

Borderline-Persönlichkeitsstörung (BPS) ist eine psychische Erkrankung, die durch emotionale Instabilität, impulsives Verhalten, zwischenmenschliche Schwierigkeiten und Identitätsunsicherheit gekennzeichnet ist. Die Betroffenen haben oft Schwierigkeiten, ihre Emotionen zu regulieren und können extrem empfindlich auf Kritik oder Ablehnung reagieren. In diesem Zusammenhang kann es zu Schwierigkeiten im Umgang mit anderen Menschen kommen, da die Betroffenen oft in Interaktionen mit anderen unangemessene Verhaltensweisen aufweisen. Zu den zwischenmenschlichen Schwierigkeiten, die bei BPS auftreten können, gehören unter anderem Schwierigkeiten bei der Bindung und dem Aufbau von Beziehungen. Betroffene können beispielsweise Schwierigkeiten haben, enge Beziehungen aufzubauen oder aufrechtzuerhalten. Dies kann dazu führen, dass sie sich oft isoliert und einsam fühlen. Die Betroffenen können auch dazu neigen, in Beziehungen extrem idealisierend oder abwertend zu sein. Sie können auch schnell zwischen diesen beiden Extremen wechseln. Beispielsweise können sie in einer Minute ihren Partner idealisieren und ihn als perfekt betrachten, während sie in der nächsten Minute das Gefühl haben, dass er sie hasst und sie verlässt. Darüber hinaus können Betroffene mit BPS auch Schwierigkeiten haben, ihre eigenen Bedürfnisse und Grenzen zu kommunizieren. Sie können Schwierigkeiten haben, Nein zu sagen oder um Hilfe zu bitten, wenn sie es brauchen. Sie können auch dazu neigen, ihre eigenen Bedürfnisse und Wünsche den Bedürfnissen anderer unterzuordnen, um Konflikte zu vermeiden oder um nicht abgelehnt zu werden. Ein weiteres Merkmal von BPS ist eine hohe Empfindlichkeit gegenüber Zurückweisung oder Kritik. Betroffene können oft das Gefühl haben, dass andere sie ablehnen oder sie nicht mögen, auch wenn es keine klaren Anzeichen dafür gibt. Sie können auch dazu neigen, Kritik als persönlichen Angriff zu betrachten und darauf mit Wut oder Traurigkeit zu reagieren. Die emotionale Instabilität, die bei BPS auftritt, kann auch zu impulsivem Verhalten führen. Betroffene können sich in riskante Verhaltensweisen stürzen, wie beispielsweise Drogenmissbrauch, ungeschützten Sex, übermäßiges Essen oder Glücksspiel. Sie können auch dazu neigen, impulsiv zu handeln und sich in Konflikte oder Streitigkeiten zu verwickeln, die vermieden werden könnten. In Bezug auf die Behandlung von BPS können verschiedene therapeutische Ansätze hilfreich sein. Eine häufige Methode ist die Dialektisch-Behaviorale Therapie (DBT), die darauf abzielt, die emotionale Regulierungsfähigkeit der Betroffenen zu verbessern und ihnen dabei zu helfen, zwischenmenschliche Schwierigkeiten zu bewältigen. Eine andere Therapieform ist die Schema-Therapie, die darauf abzielt, tief verwurzelte Überzeugungen und Verhaltensmuster zu ändern.

Soziale Unterstützung und Borderline

Borderline-Persönlichkeitsstörung (BPS) ist eine schwere psychische Erkrankung, die durch Instabilität der Emotionen, Beziehungen und des Selbstbildes gekennzeichnet ist. Menschen mit BPS haben oft Schwierigkeiten, Beziehungen aufrechtzuerhalten und empfinden häufig Gefühle der Leere und Einsamkeit. Eine wichtige Rolle bei der Bewältigung der Symptome von BPS spielen soziale Unterstützung und zwischenmenschliche Beziehungen. Soziale Unterstützung ist eine wichtige Ressource, die Menschen dabei hilft, stressige Situationen zu bewältigen und ihre Gesundheit zu erhalten. Soziale Unterstützung kann in Form von emotionaler

Unterstützung, praktischer Hilfe, Informationsaustausch oder finanzieller Unterstützung angeboten werden. Menschen mit BPS haben oft Schwierigkeiten, stabile Beziehungen aufrechtzuerhalten, und können sich einsam und isoliert fühlen. Sie können auch Schwierigkeiten haben, Hilfe von anderen anzunehmen oder um Hilfe zu bitten. Dies kann dazu führen, dass sie sich von anderen zurückziehen und sich weiter isolieren. Eine Studie von Aviram et al. (2006) untersuchte die Auswirkungen von sozialer Unterstützung auf die Symptome von BPS. Die Ergebnisse zeigten, dass Menschen mit BPS, die mehr soziale Unterstützung erhielten, niedrigere Symptome von Depression und Angst hatten. Die Studie ergab auch, dass die Art der sozialen Unterstützung wichtig war. Emotionaler Support und praktische Hilfe waren am effektivsten, um die Symptome von BPS zu reduzieren. Eine weitere Studie von Dyck et al. (2004) untersuchte die Auswirkungen von sozialer Unterstützung auf die Fähigkeit von Menschen mit BPS, mit Stress umzugehen. Die Ergebnisse zeigten, dass Menschen mit BPS, die eine höhere soziale Unterstützung hatten, besser in der Lage waren, mit stressigen Situationen umzugehen. Die Autoren schlussfolgerten, dass soziale Unterstützung eine wichtige Rolle bei der Bewältigung von Stress spielt und dazu beitragen kann, dass Menschen mit BPS bessere Ergebnisse erzielen. Allerdings kann es auch schwierig sein, soziale Unterstützung zu erhalten, wenn man an BPS leidet. Menschen mit BPS können dazu neigen, impulsiv zu handeln oder sich in ungesunden Beziehungen zu befinden. Sie können auch Schwierigkeiten haben, um Hilfe zu bitten oder die Unterstützung von anderen anzunehmen. Ein Ansatz, der helfen kann, soziale Unterstützung für Menschen mit BPS zu erhöhen, ist die Teilnahme an Selbsthilfegruppen oder Peer-Support-Programmen. Diese Programme bringen Menschen mit ähnlichen Erfahrungen und Herausforderungen zusammen und bieten eine sichere und unterstützende Umgebung, in der sie ihre Gefühle und Erfahrungen teilen und voneinander lernen können. Insgesamt ist soziale Unterstützung ein wichtiger Faktor bei der Bewältigung von BPS. Die Fähigkeit, eine starke soziale Unterstützung zu haben und zu pflegen, kann dazu beitragen, die Krankheitssymptome zu mildern.

Borderline und Alkohol-/Drogenmissbrauch

Borderline und Alkohol-/Drogenmissbrauch sind zwei ernste psychische Probleme, die oft miteinander einhergehen. Borderline-Persönlichkeitsstörung (BPS) ist eine psychische Erkrankung, die durch instabile Stimmungen, zwischenmenschliche Beziehungen und Identität gekennzeichnet ist. Alkohol- und Drogenmissbrauch sind Verhaltensweisen, die oft als Bewältigungsstrategie für emotionale Probleme oder Stress eingesetzt werden. Hier sind 600 Worte, die sich mit der Beziehung zwischen Borderline und Alkohol-/Drogenmissbrauch befassen. Borderline und Alkoholmissbrauch Menschen mit BPS haben oft Schwierigkeiten, ihre Emotionen zu regulieren. Sie können schnell von einem Extrem zum anderen wechseln und intensive Gefühle von Wut, Traurigkeit, Angst oder Freude erfahren. Um mit diesen Emotionen umzugehen, greifen viele Menschen mit BPS auf Alkohol zurück. Alkohol kann vorübergehend die Stimmung verbessern und die Gefühle von Angst oder Traurigkeit reduzieren. Einige Menschen mit BPS können jedoch aufgrund ihrer instabilen Stimmungen Schwierigkeiten haben, ihren Alkoholkonsum zu kontrollieren. Sie können schnell abhängig werden und übermäßig trinken, was zu weiteren emotionalen Problemen führen kann. Menschen mit BPS haben auch oft Schwierigkeiten, ihre Beziehungen zu anderen Menschen zu stabilisieren. Sie können impulsiv handeln und in Konflikte geraten, was zu sozialer Isolation führen kann. Alkohol kann als soziales Schmiermittel dienen und es einfacher machen, Beziehungen aufzubauen oder aufrechtzuerhalten. Menschen mit BPS können jedoch aufgrund ihrer impulsiven Natur in riskante Situationen geraten, wenn sie unter Alkoholeinfluss stehen. Sie können unvorsichtige Entscheidungen treffen oder sich in ungesunde Beziehungen verwickeln, was ihre psychische Gesundheit weiter beeinträchtigen kann. Borderline und Drogenmissbrauch Wie bei Alkoholmissbrauch kann Drogenmissbrauch für Menschen mit BPS eine Möglichkeit sein, ihre instabilen Emotionen zu regulieren.

Drogen können vorübergehend die Stimmung verbessern und die Symptome von Angst oder Depression lindern. Einige Drogen können auch ein Gefühl von Euphorie oder Stärke vermitteln, was für Menschen mit BPS, die unter einer geringen Selbstwahrnehmung oder einem schwachen Selbstwertgefühl leiden, sehr verlockend sein kann. Drogenmissbrauch kann jedoch auch zu erheblichen körperlichen und psychischen Problemen führen. Viele Drogen sind süchtig machend und können das Leben der betroffenen Person beeinträchtigen. Einige Drogen können auch zu psychotischen Symptomen führen, wie Halluzinationen oder Wahnvorstellungen. Menschen mit BPS haben bereits Schwierigkeiten, ihre Emotionen und ihre Wahrnehmung der Realität zu regulieren, so dass Drogenmissbrauch diese Probleme nur verschlimmern kann.

Borderline und Essstörungen

Borderline und Essstörungen sind zwei ernstzunehmende psychische Erkrankungen, die oft gemeinsam auftreten. Borderline-Persönlichkeitsstörung (BPS) ist eine Störung, die durch Instabilität in der emotionalen Regulation, zwischenmenschlichen Beziehungen, Selbstbild und Verhalten gekennzeichnet ist. Essstörungen hingegen sind eine Gruppe von psychischen Störungen, bei denen es zu einer gestörten Wahrnehmung des eigenen Körpers und des Essverhaltens kommt. Borderline und Essstörungen: eine häufige Kombination Es ist bekannt, dass Borderline-Persönlichkeitsstörung und Essstörungen oft gemeinsam auftreten. Tatsächlich haben bis zu 50% der Menschen mit BPS auch eine Essstörung. Es gibt mehrere Gründe, warum diese beiden Erkrankungen so oft zusammen auftreten. Ein Grund ist, dass Betroffene von Borderline-Persönlichkeitsstörung oft eine gestörte Beziehung zu ihrem Körper haben. Sie können Schwierigkeiten haben, ihre eigenen Emotionen wahrzunehmen und zu regulieren, was dazu führen kann, dass sie Essen als Mittel zur Emotionsregulation verwenden. Menschen mit BPS haben oft auch Schwierigkeiten mit dem Selbstbild, was dazu führen kann, dass sie sich selbst als unattraktiv oder fett empfinden, selbst wenn sie normalgewichtig sind. Ein weiterer Faktor ist, dass

Essstörungen oft als Mittel zur Bewältigung von Emotionen verwendet werden. Menschen mit Essstörungen können Essen als Mittel zur Kontrolle ihrer Emotionen und zur Bewältigung von Stress oder Angst verwenden. Diese Strategie kann kurzfristig helfen, langfristig kann sie jedoch zu weiteren emotionalen Problemen führen. Arten von Essstörungen Es gibt verschiedene Arten von Essstörungen, die oft mit Borderline-Persönlichkeitsstörung verbunden sind: Anorexia Nervosa: Bei dieser Essstörung wird eine extreme Angst vor Gewichtszunahme und eine gestörte Wahrnehmung des eigenen Körpers beobachtet. Betroffene versuchen oft, ihr Gewicht durch extremes Diäten und exzessiven Sport zu reduzieren. Bulimia Nervosa: Bei dieser Essstörung wechseln sich Phasen des übermäßigen Essens mit Phasen des Erbrechens oder übermäßigen Sporttreibens ab. Betroffene haben oft eine gestörte Wahrnehmung ihres Körpers und erleben Schuldgefühle und Scham über ihr Essverhalten. Binge-Eating-Störung: Bei dieser Essstörung kommt es zu regelmäßigen Episoden von übermäßigem Essen, ohne dass Erbrechen oder übermäßige körperliche Aktivität folgen. Betroffene können Schwierigkeiten haben, ihre Emotionen zu regulieren und nutzen Essen oft als Mittel zur Bewältigung von Stress oder Angst. Essanfälle bei Borderline: Menschen mit Borderline-Persönlichkeitsstörung können auch Essanfälle erleben, die mit einer gestörten Selbstwahrnehmung und einer gestörten Emotionsregulation verbunden sind.

Borderline und andere psychische Störungen

Borderline ist eine Persönlichkeitsstörung, die oft von Instabilität in Stimmung, Verhalten und zwischenmenschlichen Beziehungen gekennzeichnet ist. Menschen mit Borderline haben oft intensive und instabile Beziehungen und Stimmungsschwankungen. Sie können impulsiv handeln und haben oft Schwierigkeiten, ihre Emotionen zu regulieren. Einige der Symptome von Borderline sind: Intensive und instabile Beziehungen: Menschen mit Borderline haben oft Schwierigkeiten, stabile und gesunde Beziehungen aufrechtzuerhalten. Sie können in enge Bindungen verwickelt werden, aber auch schnell emotional zurückziehen oder diese Beziehungen abbrechen. Stimmungsschwankungen: Menschen mit Borderline haben oft extreme Stimmungsschwankungen. Sie können schnell von einer extremen Emotion in eine andere wechseln. Selbstschädigendes Verhalten: Selbstverletzungen oder Suizidgedanken und -versuche sind bei Menschen mit Borderline häufig. Impulsivität: Menschen mit Borderline können impulsiv handeln und riskante Entscheidungen treffen, ohne die Konsequenzen zu bedenken. Identitätsprobleme: Menschen mit Borderline haben oft Schwierigkeiten, ihre eigene Identität und ihren Platz in der Welt zu finden. Es gibt viele verschiedene Behandlungsmöglichkeiten für Borderline, darunter Psychotherapie, Medikamente und Selbsthilfegruppen. Eine der effektivsten Formen der Therapie für Borderline ist die Dialektisch-Behaviorale Therapie (DBT), die speziell für Menschen mit Borderline entwickelt wurde und darauf abzielt, ihnen Fähigkeiten beizubringen, um ihre Emotionen besser zu regulieren und ihr Verhalten zu kontrollieren. Andere psychische Störungen, die ebenfalls weit verbreitet sind, sind Depressionen, Angststörungen und bipolare Störungen. Depressionen sind eine häufige psychische Störung, die durch Traurigkeit, Hoffnungslosigkeit, Müdigkeit und einen Mangel an Interesse an Aktivitäten gekennzeichnet ist. Es gibt verschiedene Formen von Depressionen, einschließlich schwerer Depressionen, saisonaler affektiver Störungen (SAD) und Dysthymie. Die Behandlung von Depressionen umfasst oft Psychotherapie und Medikamente. Angststörungen sind psychische Erkrankungen, die durch intensive und unangemessene Ängste gekennzeichnet sind. Einige der häufigsten Formen von Angststörungen sind Generalisierte Angststörung (GAD), Panikstörung und soziale Angststörung. Die Behandlung von Angststörungen umfasst oft Psychotherapie, Medikamente und Selbsthilfegruppen. Bipolare Störungen sind Stimmungsstörungen, die durch abwechselnde Phasen von manischen und depressiven Episoden gekennzeichnet sind. Manische Episoden sind gekennzeichnet durch eine erhöhte

Stimmung, Energie und Aktivität, während depressive Episoden durch Traurigkeit, Hoffnungslosigkeit und eine Abnahme der Energie und Aktivität gekennzeichnet sind. Die Behandlung von bipolaren Störungen umfasst oft Medikamente und Psychotherapie.

Lebensqualität mit Borderline verbessern

Borderline-Persönlichkeitsstörung (BPS) ist eine psychische Erkrankung, die durch instabile Emotionen, Beziehungen und Identität gekennzeichnet ist. Die Symptome können von Person zu Person unterschiedlich sein, aber die meisten Menschen mit BPS haben Schwierigkeiten, ihre Emotionen zu regulieren, erleben häufig intensive Stimmungsschwankungen und haben Schwierigkeiten, gesunde Beziehungen aufrechtzuerhalten. Obwohl die BPS oft als schwierig zu behandeln angesehen wird, gibt es Möglichkeiten, um die Lebensqualität zu verbessern und Symptome zu lindern. Im Folgenden sind 600 Worte, die Ihnen helfen können, Ihre Lebensqualität mit Borderline zu verbessern: Sprechen Sie mit einem professionellen Therapeuten: Die Behandlung der BPS erfordert normalerweise die Hilfe eines erfahrenen Therapeuten, der sich auf die Behandlung dieser Erkrankung spezialisiert hat. Eine Therapieform, die sich als besonders wirksam erwiesen hat, ist die Dialektisch-Behaviorale Therapie (DBT). Mit DBT können Sie lernen, Ihre Emotionen zu regulieren, gesunde Beziehungen aufzubauen und Ihre Identität zu stärken. Treiben Sie regelmäßig Sport: Regelmäßiger Sport ist eine großartige Möglichkeit, um Ihre Stimmung zu verbessern und Stress abzubauen. Wenn Sie regelmäßig Sport treiben, setzen Sie Endorphine frei, die Ihnen ein gutes Gefühl geben und helfen, negative Gedanken abzuwehren. Es ist empfehlenswert, mindestens dreimal pro Woche mindestens 30 Minuten Sport zu treiben. Achten Sie auf Ihre Ernährung: Eine ausgewogene Ernährung kann dazu beitragen, Ihre Stimmung zu verbessern und Ihre Symptome zu lindern. Versuchen Sie, gesunde Lebensmittel wie Vollkornprodukte, Obst und Gemüse in Ihre

Ernährung aufzunehmen und reduzieren Sie den Konsum von zuckerhaltigen und fettigen Lebensmitteln. Praktizieren Sie Achtsamkeit: Achtsamkeit ist eine Technik, die Ihnen helfen kann, im gegenwärtigen Moment zu bleiben und Ihre Gedanken und Emotionen zu beobachten, ohne sie zu bewerten oder zu beurteilen. Die Praxis der Achtsamkeit kann Ihnen helfen, Ihre Emotionen zu regulieren und sich auf das zu konzentrieren, was in Ihrem Leben wichtig ist. Setzen Sie sich klare Ziele: Wenn Sie klare und realistische Ziele setzen, können Sie sich auf etwas Positives konzentrieren und sich auf Ihre Erfolge konzentrieren, anstatt sich auf negative Gedanken und Emotionen zu konzentrieren. Versuchen Sie, sich kleine Ziele zu setzen, die leicht zu erreichen sind, und arbeiten Sie schrittweise an größeren Zielen. Vermeiden Sie Alkohol und Drogen: Alkohol und Drogen können die Symptome der BPS verschlimmern und Ihre Stimmung destabilisieren. Wenn Sie Schwierigkeiten haben, Alkohol oder Drogen zu vermeiden, suchen Sie Unterstützung bei einem Therapeuten oder einer Selbsthilfegruppe.

Ausblick: Hoffnung für Menschen mit Borderline

Borderline-Persönlichkeitsstörung (BPS) ist eine psychische Erkrankung, die durch intensive Emotionen, instabile Beziehungen, impulsives Verhalten und Identitätsstörungen gekennzeichnet ist. Menschen mit BPS kämpfen oft gegen extreme Stimmungsschwankungen, Selbstverletzung, Selbstmordgedanken und schwerwiegende zwischenmenschliche Schwierigkeiten. Die Diagnose kann sich wie eine lebenslange Strafe anfühlen, aber es gibt Hoffnung für Menschen mit BPS. In diesem Ausblick werde ich einige der positiven Entwicklungen in der Behandlung von BPS diskutieren. Dialektisch-Behaviorale Therapie (DBT): DBT ist eine evidenzbasierte Psychotherapie, die speziell für die Behandlung von BPS entwickelt wurde. Sie besteht aus Einzel- und Gruppensitzungen, in denen Patienten lernen, ihre Emotionen zu regulieren, impulsives Verhalten zu kontrollieren und zwischenmenschliche Konflikte zu lösen. In den letzten Jahren hat DBT eine immer größere Akzeptanz und Verbreitung erfahren und gilt als Goldstandard in der Behandlung von BPS. Achtsamkeitsbasierte Therapien: Achtsamkeitsbasierte Therapien wie Achtsamkeitsmeditation und Achtsamkeitsbasierte kognitive Therapie (MBCT) haben sich als wirksam bei der Behandlung von BPS-Symptomen erwiesen. Diese Therapien helfen den Patienten, sich auf den gegenwärtigen Moment zu konzentrieren und ihre Emotionen zu beobachten, anstatt in sie hineinzugleiten. Neuere medikamentöse Behandlungen: Es gibt immer mehr Forschung und Entwicklung im Bereich der medikamentösen Behandlung von BPS. Neue Antidepressiva, Antipsychotika und Stimmungsstabilisatoren werden derzeit untersucht, um ihre Wirksamkeit bei der Behandlung von BPS-Symptomen zu bestimmen. Gruppentherapie und Peer-Support: Gruppentherapie und Peer-Support sind wertvolle Ergänzungen zu Einzeltherapie und Medikation. Sie bieten den Patienten die Möglichkeit, sich mit anderen Menschen auszutauschen, die ähnliche Erfahrungen machen und von einander zu lernen. Peer-Support-Gruppen wie die National Education Alliance for Borderline Personality Disorder (NEABPD) haben in den letzten Jahren an Bedeutung gewonnen und leisten wichtige Arbeit, um das Bewusstsein für BPS zu schärfen und Ressourcen für Patienten und Angehörige bereitzustellen. Frühe Intervention: Eine frühzeitige Intervention bei BPS kann dazu beitragen, schwere Symptome zu verhindern oder zu mildern. Eine frühzeitige Diagnose und Behandlung können dazu beitragen, die Auswirkungen von BPS auf das tägliche Leben des Patienten zu minimieren. Daher ist es wichtig, dass Ärzte und Therapeuten sich auf die Früherkennung von BPS konzentrieren und angemessene Behandlungen anbieten.

Impressum Luna Ludwig Am Anger 3 06869 Coswig

www.ingramcontent.com/pod-product-compliance
Lightning Source LLC
LaVergne TN
LVHW020532160826
845677LV00015B/4020

9783757915780